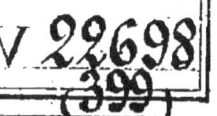

DE

LA PHOTOGRAPHIE

ET DE SES APPLICATIONS AUX BESOINS DE L'ARMÉE

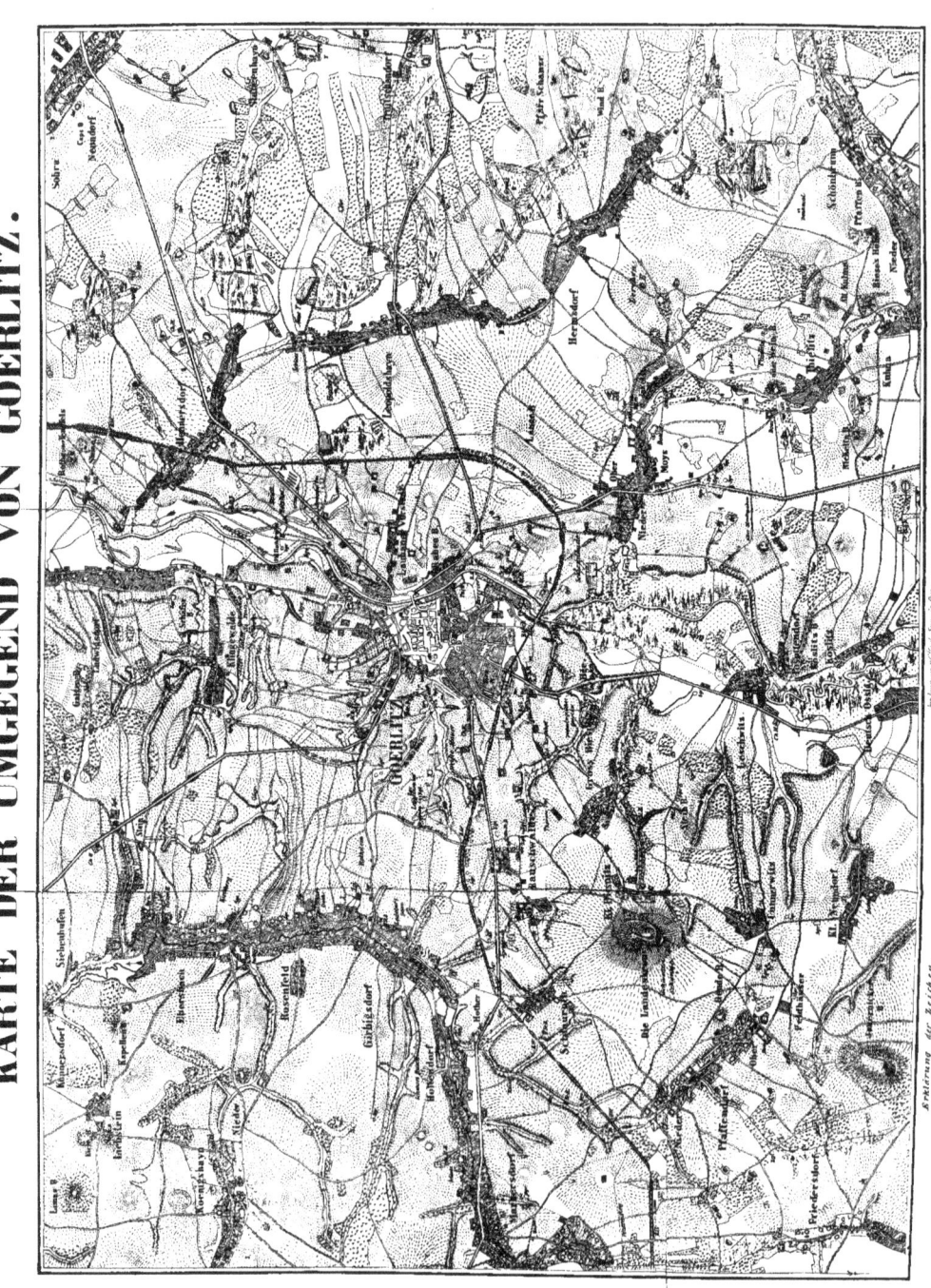

RÉUNION DES OFFICIERS

DE

LA PHOTOGRAPHIE

ET DE

SES APPLICATIONS AUX BESOINS DE L'ARMÉE

ENTRETIEN FAIT A LA RÉUNION DES OFFICIERS

Le 23 avril 1872

PAR M. DUMAS

Capitaine d'état-major, chef du service photographique au ministère de la guerre.

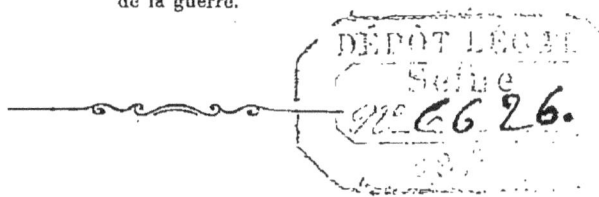

PARIS

A LA RÉUNION DES OFFICIERS

RUE DE BELLECHASSE, 37

1872

DE
LA PHOTOGRAPHIE

ET DE SES APPLICATIONS AUX BESOINS DE L'ARMÉE

Les procédés photographiques sont aujourd'hui tellement répandus dans le public et dans l'armée que l'on n'entrera dans aucun détail à leur sujet. Un grand nombre des personnes auxquelles s'adresse le présent travail ont fait de la photographie en amateurs, et toutes les autres se sont certainement fait initier, ne fût-ce qu'à titre de curiosité, à un art aussi répandu que l'est maintenant la photographie. On se contentera donc d'étudier les applications militaires de cet art.

L'étude des applications militaires de la photographie ne doit pas seulement comprendre toutes les applications possibles, elle doit surtout s'étendre aux applications *utiles*, aux applications *pratiques*. Pour rechercher ces applications, il faut se dire, pour la photographie comme pour tous les éléments constitutifs de la puissance militaire, que le but final de l'armée étant le combat, il faut rechercher quel est le concours que la photographie peut apporter à ce but final.

Le combat se compose de trois phases : *avant, pendant* et *après*.

Le rôle de la photographie n'est pas le même dans ces trois phases ; aussi sera-t-il examiné en intervertissant l'ordre des phases, afin de parler en dernier lieu seulement de la plus importante au point de vue photographique.

Tous les officiers ont vu les jours de lutte, ces jours que l'Arabe appelle des jours sombres, des jours de la vérité ; jours bien sombres pour nous depuis deux ans ! Eh bien, que chacun rappelle ses souvenirs, que chacun se demande à quel moment du combat il eût pu utilement se servir de la photographie ; quelle position eût été avantageuse pour cet emploi, c'est-à-dire de quel point on eût pu avoir un horizon suffisant pour faire la photographie de tout ou partie du champ de bataille, en temps que vue utile et productible à bref délai.

Admettant même ce moment et cette position trouvés, est-ce que, dans l'état actuel de la photographie, les opérations nécessaires pour produire l'image, la développer, la fixer et en tirer des épreuves, eussent permis d'arriver jamais en temps utile pour apporter un appoint aux combattants ? Il ne paraît donc pas qu'il y ait dans le combat une place militaire pour la photographie. Il est bien entendu qu'il ne s'agit ici que de la bataille proprement dite, et nullement des opérations d'un siége, car, dans toute lutte où les armées restent longuement stationnaires, on peut, un jour ou l'autre, trouver une application utile de toute branche des connaissances humaines.

Il faut cependant reconnaître que pendant une bataille, sur certains points particuliers du terrain, il sera possible de prendre certaines vues du champ de bataille, et que ces vues seront plus tard d'un très-grand secours ; mais ceci doit être l'œuvre de personnes qui n'auront rien à faire avec la bataille elle-même. Certainement ces personnes pourront souvent être placées dans la limite d'action du feu pour prendre des vues intéressantes ; aussi doit-on admettre la nécessité d'avoir à l'armée des militaires chargés de la photographie, et leur rôle sera étudié tout à l'heure. Mais pour le combat en lui-même, il n'y a pas lieu de lui apporter l'appoint de la photographie. En un mot, contrairement à certaines opinions, il ne semble pas qu'il faille mettre un officier photographe par régiment, absolument comme on met un certain nombre de bouches à feu par mille hommes. Il ne paraît pas, du reste, que la photographie ait joué aucun rôle militaire pendant la guerre de 1870-71.

Après le combat, le rôle de la photographie s'agrandit. Les lieux où l'événement a eu lieu sont nettement indiqués ; le photographe peut choisir tranquillement ses points d'observation ; il peut donc devenir extrêmement utile au commandement d'avoir, en sus des cartes, des vues exactes du terrain, qui viendront aider à l'intelligence de la carte ou du rapport, ou appuyer un historique. Les services que la photographie peut rendre après le combat deviennent palpables, et son utilité, quoique relative, est visible ; mais il faut reconnaître en même temps qu'elle reste encore secondaire.

Entrons maintenant dans l'examen du cas qui a été conservé pour être étudié en dernier lieu : *avant le combat.*

La photographie est appelée à jouer ici un rôle considérable. L'expression : *avant le combat* comprend la préparation de la guerre tout entière, c'est-à-dire l'ensemble des travaux de toute nature ayant pour but la guerre, travaux faits avec calme et tout à l'aise pendant la paix.

Avant d'aller plus loin, il est nécessaire de combattre une opinion qui existe chez beaucoup de personnes ; cette opinion consiste dans l'idée que la photographie soit appelée à produire, dans le sens littéral du mot, c'est-à-dire, par exemple, à faire des cartes photographiées pour être distribuées aux officiers. Cette manière d'opérer a pu être utilisée lorsque la photographie était réduite à ses seules ressources, mais elle serait aujourd'hui beaucoup trop chère et, de plus, totalement insuffisante, à cause de sa lenteur de production. Ces deux causes sont les seules qui aient fait chercher un autre mode de production : car aujourd'hui les photographies ne sont plus sujettes à s'altérer ; le temps au contraire, vient en aide au procédé employé par le service photographique de l'état-major général du ministre, en ce sens que les photographies noircissent en vieillissant, et qu'au bout de quelques mois, on croirait avoir sous les yeux des dessins faits par la typographie.

Si la photographie est un moyen lent de production, la lithographie est, au contraire, un moyen rapide, car, avec une presse marchant à la vapeur, on peut arriver à livrer deux mille exemplaires d'une carte en dix heures de travail.

Le dessin sur pierre est très-facile à obtenir pour les feuilles de la carte de France ; il suffit de faire ce qu'on appelle un *report*. Cette opération se fait de la manière suivante : on tire, avec la planche de cuivre, une épreuve sur papier de Chine, à l'encre dite de report ; cette encre sèche très-lentement. On place ce dessin sur la pierre où il doit être transporté, en renversant la feuille, c'est-à-dire l'encre tombant sur la pierre ; on opère une légère pression, et le transport est fait. La pierre subit alors les préparations lithographiques ordinaires, et l'on peut tirer deux mille exemplaires du dessin, sans altération sensible, surtout si le tirage se fait avec soin.

Ce procédé du report sur pierre ne peut évidemment pas être employé si, au lieu d'avoir la planche gravée, on n'a qu'un seul exemplaire de la carte dont on a besoin. C'est précisément ce qui a lieu pour les pays à l'égard desquels on prépare la guerre. Il faut pourtant faire des reproductions de la carte du pays que l'on a en vue, et les faire en quantité suffisante pour satisfaire aux besoins de l'armée ; par conséquent, il faut constituer cette pierre que nous avons vue pouvant donner deux mille exemplaires en une journée. Puisqu'il n'y a pas de report possible, il faut appeler la photographie au secours de la lithographie.

L'alliance de la photographie et de la lithographie constitue ce qu'on appelle la *photo-lithographie*.

Si l'exemplaire de la carte qu'on veut reproduire est à une échelle convenable, la photographie donnera un cliché pareil au modèle, c'est-à-dire à la même échelle ; si l'échelle du modèle doit être changée, la photographie se chargera encore de faire une amplification ou une réduction. Dans tous les cas, le résultat de l'opération photographique sera un cliché contenant le dessin à reproduire. Il faut maintenant transporter le dessin du cliché sur une pierre pouvant donner un tirage nombreux, et c'est là l'œuvre de la photo-lithographie.

La photo-lithographie a pour but, comme l'indique son nom, de fixer des caractères sur une pierre au moyen de la lumière. Le procédé destiné à atteindre ce résultat est basé sur une propriété que possède le bichromate de potasse uni à la gélatine ou à la gomme épaisse. Cette propriété consiste à rendre insoluble dans l'eau un mélange de gélatine ou de gomme et de bichromate de potasse, lorsque ce mélange, après avoir été séché, a été exposé à la lumière ; au contraire, le même mélange est toujours soluble dans l'eau lorsqu'il est resté dans l'obscurité.

Par suite de cette propriété, les opérations de la photo-lithographie sont très-faciles. On fait un mélange de gélatine ou de gomme arabique dissoute et de bichromate de potasse. Supposons de la gélatine : avec une éponge trempée dans la dissolution de gélatine bichromatée, on frotte la surface d'une pierre lithographique, de manière à étendre une couche de gélatine sur toute la pierre. On laisse sécher. Cette opération se fait dans un cabinet noir.

On place ensuite sur la pierre le cliché à reproduire ; on l'y fixe et l'on porte tout l'ensemble à la lumière. Celle-ci, passant par toutes les parties du cliché qui sont transparentes, vient rendre insolubles toutes les parties de la gélatine bichromatée qu'elle atteint ; au contraire, les parties opaques du cliché protégeant la gélatine contre l'action de la lumière, tout ce qui se trouve derrière ces parties opaques reste soluble.

Lorsqu'on juge que la lumière a suffisamment agi, on rapporte tout l'ensemble, pierre et cliché, dans le cabinet noir ; on les sépare alors, et avec une éponge trempée dans de l'eau pure, on lave fortement la surface de la pierre. D'après la propriété que nous avons expliquée ci-dessus, tout le fond du dessin, protégé par les parties opaques du cliché, est resté soluble et est emporté par l'éponge humide, mais toute la partie frappée par la lumière est devenue insoluble et reste adhérente à la pierre. C'est cette partie qui constitue le dessin, dont on peut alors tirer des épreuves par la lithographie ordinaire.

Telle est la théorie de la photo-lithographie ; elle est très-simple, et le premier venu peut s'exercer à l'appliquer avec de nombreuses chances de succès, surtout en opérant sur des dessins de petite dimension. Naturellement les difficultés augmentent avec les dimensions du dessin, mais ces difficultés sont loin d'être insurmontables, comme le prouvent les résultats observés dans tous les ateliers où l'on s'occupe avec soin de la photo-lithographie.

Nous venons de décrire les procédés, report et photo-lithographie, par lesquels on peut transporter un dessin sur une pierre ; mais la pierre n'a qu'une existence éphémère. Lorsqu'on aura tiré le nombre maximum d'épreuves qu'elle peut donner, il faudra recommencer toutes les opérations déjà faites, afin d'avoir une nouvelle pierre. Il y a donc un intérêt capital à pouvoir fixer un dessin non plus sur une pierre qui s'efface ou qui s'use, mais bien sur un cuivre, où l'aciérage le conserve indéfiniment, et où, avec de faciles retouches, on maintient constamment le dessin au courant. On arrive à ce résultat par l'*héliogravure*.

L'héliogravure est basée sur le même principe que la photo-lithographie. Son nom semblerait indiquer que la lumière diffuse n'est plus suffisante et qu'il faut opérer au soleil, ce qui n'est pas exact. Mais, suivant le vernis qu'on emploie, soit à base de bichromate, soit à base de bitume de Judée, le temps d'exposition à la lumière est plus ou moins long. Le bitume de Judée possède la même propriété que le bichromate de potasse, mais à un degré beaucoup moindre.

La différence entre la manière de procéder de l'héliogravure et celle de la photo-lithographie, qui vient d'être décrite, consiste dans la fabrication du cliché. Dans la photo-lithographie les fonds du dessin doivent être opaques pour ne laisser que le dessin lui-même exposé à l'action de la lumière. Dans l'héliogravure, au contraire, les fonds doivent être transparents et le dessin opaque ; de cette manière le dessin reste soluble et s'en va au lavage. Il ne reste sur la plaque de cuivre que les fonds qui ont été solidifiés, et le dessin est fait absolument comme s'il eût été exécuté avec une pointe.

Lorsque le lavage de la planche est fait, après le travail de la lumière, ce qui reste à faire, et qu'on nomme *la morsure*, est du domaine du graveur à l'eau-forte. La morsure est obtenue en plongeant la planche à graver dans une eau acidulée à l'acide azotique; le degré de cette eau varie suivant l'intensité à donner à la morsure et suivant la température à laquelle on opère. Cette opération, pour être réussie, demande beaucoup d'attention et une grande habileté.

Lorsque la gravure est faite, on conserve indéfiniment la planche de cuivre par l'*aciérage*. Cette opération consiste à déposer, au moyen de la pile électrique, une couche de fer sur la planche ; c'est cette couche de fer qui s'use au tirage. Dès que par l'usure on voit apparaître le cuivre, on renouvelle la couche de fer, et la planche est ainsi maintenue indéfiniment intacte. On voit que le mot *aciérage* est impropre, puisque c'est de fer qu'on recouvre la planche, mais il est consacré par l'usage.

L'héliogravure est plus difficile et plus coûteuse que la photo-lithographie ; les insuccès y sont aussi beaucoup plus nombreux. Cependant, comme l'héliogravure a pour avantage de donner une planche qui se conserve, on a cherché des moyens qui unissent à l'avantage de l'héliogravure la certitude et la rapidité d'opération de la photo-lithographie. Pour cela on a opéré absolument comme en photo-lithographie, mais au lieu de pierre, on a employé une plaque de zinc. Le dessin à reproduire est obtenu sur la plaque en saillie, et les fonds sont mis à nu. En plongeant la plaque ainsi préparée dans un acide beaucoup moins énergique que celui avec lequel on fait mordre sur une plaque de cuivre, les fonds sont rongés et le dessin, protégé contre l'acide, reste en relief. On fixe alors ce zinc sur un morceau de bois, et l'on en fait le tirage par la typographie ordinaire. C'est par ce procédé que l'on obtient les figures ou vignettes intercalées dans le texte des ouvrages.

Lorsque la question photographique est résolue, les procédés de reproduction du cliché peuvent varier beaucoup. Le Dépôt de la guerre belge emploie, pour arriver au résultat qui vient d'être indiqué, un procédé dans lequel entre la galvanoplastie. M. le capitaine Hannot, qui dirige au Dépôt de la guerre, à Bruxelles, les ateliers de photographie et de galvanoplastie, commence, comme dans tous les procédés qui ont déjà été indiqués, par faire, au moyen de la photographie, un cliché qui soit le dessin même à reproduire sur cuivre et à l'échelle désirée. Il prend alors une feuille de papier recouverte de gélatine bichromatée, il met cette feuille dans un châssis-presse derrière le cliché, absolument comme dans un tirage d'épreuves photographiques ordinaires. Lorsque la durée de l'exposition à la lumière est suffisante pour que, dans les parties qui constituent le dessin, la gélatine soit devenue insoluble, il reporte le tout dans le cabinet noir. Là, opérant comme pour la photographie au charbon, il fixe le dessin à la gélatine sur une plaque de cuivre. Il obtient ainsi *en relief* le dessin à reproduire. Pour avoir maintenant une planche en cuivre gravée qu'on puisse tirer en tailledouce, le capitaine Hannot l'obtient par la galvanoplastie, en faisant former le dépôt de cuivre contre la planche sur laquelle est fixé le relief en gélatine.

On s'est demandé aussi si la photographie ne pourrait pas être appliquée à la topographie. Cette idée est aussi vieille que la photographie; en faire l'historique serait faire l'histoire de la photographie elle-même, et tout le monde la connaît. La seule chose qui puisse être faite est d'exposer l'état actuel de la question.

Comme topographie en général, il est certain qu'il vaut mieux ne pas employer la photographie, parce que sa limite d'erreur est bien inférieure à celle des instruments que la géodésie et la topographie ont à leur disposition, parce que la photographie ne peut rien donner en pays couvert, par exemple dans une forêt, enfin et surtout, parce que, si ce n'est qu'en forgeant qu'on devient forgeron, ce n'est qu'en faisant des levers, soit réguliers, soit à vue, qu'on apprend à apprécier le terrain, et l'on sait combien cette qualité est précieuse pour l'homme de guerre.

Mais il peut arriver telle circonstance où l'on n'ait que peu de temps à rester sur une station, ou bien, comme dans le cas de l'investissement d'une place, qu'on ait plus de temps, mais qu'il faille, en allant vite, être précis.

Le service du génie a surtout étudié l'application de la photographie à la topographie, en vue de ce dernier cas, c'est-à-dire du lever des fortifications. C'est sous la direction du capitaine Javary qu'est placé ce service au Dépôt des fortifications.

Les appareils employés dans ces levers sont les appareils photographiques ordinaires et le collodion sec au tanin. Il résulte de l'emploi des appareils ordinaires que le lever photographique n'est autre chose qu'un lever à la planchette dans lequel, au lieu de conserver les traces horizontales des plans azimutaux passant par les points du terrain à noter, on conserve la trace verticale de ces plans. Le génie faisant ses levers à l'échelle de 1/5000, et les opérateurs se tenant à une distance maximum de 2,500 mètres de la fortification à lever, les vues photographiques obtenues sont suffisamment exactes pour passer de ces vues aux constructions graphiques. Dans les levers faits dans ces conditions, l'erreur en plan ne dépasse pas 50 centimètres, et l'erreur sur le nivellement est moindre de 25 centimètres.

Il ne faudrait pas croire qu'on pût prendre une vue quelconque d'un terrain et qu'ensuite, au moyen d'une amplification de la première épreuve, on pût obtenir des vues utiles pour les objets placés à toute distance. Les agrandissements sont toujours très-difficiles à faire et, en outre, la netteté du modèle disparaît toujours dans l'augmentation. Enfin l'approximation qui vient d'être indiquée ne s'applique encore que dans le cas d'objets parfaitement définis, tels que la maçonnerie : dans un lever de fortifications l'incertitude augmente lorsqu'on veut prendre la vue d'objets mal définis, tels que les crêtes lorsque le parapet est couvert de verdure.

Sauf donc dans des cas très-particuliers qu'il est impossible de définir, on n'emploie pas d'autre échelle que celle du 1/5000 pour les levers par la photographie ; cette échelle est d'ailleurs suffisante pour les levers d'ensemble du terrain, ou pour les reconnaissances des places en vue d'un siége.

Le temps du séjour sur le terrain étant toujours très-court, l'établissement du lever demande le concours de plusieurs aides ; ces auxiliaires sont complétement étrangers au travail spécial de fortification, leur intervention se réduit au maniement des appareils et leur travail est purement photographique. Avec quatre opérateurs exercés, le lever d'une place quelconque (Paris excepté) peut être fait en vingt-quatre heures, nuit comprise.

Le service du génie, dans ses études de levers de fortification avec le concours de la photographie, n'emploie pas d'appareils spéciaux ; il emploie exclusivement les chambres noires ordinaires du commerce. La précaution préliminaire à prendre consiste à s'assurer que le porte-glace soit bien perpendiculaire au plateau de la chambre noire et à l'axe de l'objectif. Cette double condition remplie, le plateau de la chambre noire est placé horizontalement, au moyen de deux niveaux en croix ou d'un niveau sphérique de deux mètres de rayon. Les bulles des niveaux sont amenées entre les repères en enfonçant plus ou moins dans le sol les pieds de la chambre noire. En opérant ainsi, on obtient les perspectives sur des plans verticaux.

L'orientation des perspectives et la détermination de l'horizon de la station se font indépendamment de l'opération photographique, mais en même temps qu'elle et au moyen d'une boussole placée aussi près que possible de la chambre noire et sur laquelle on fait les observations.

Pour que l'on ait une précision convenable dans un lever photographique de quelque étendue, il est nécessaire que les stations à la chambre noire soient rattachées les unes aux autres au moyen d'une opération indépendante de la leur, faite avec les instruments de topographie dont on dispose, et surtout faite avec une grande exactitude. Dans le génie, on fait l'opération géométrique par une petite triangulation, au moyen du théodolite ; on est arrivé ainsi à faire des levers parfaitement concordants et embrassant une superficie considérable. Il est bon de remarquer que cette triangulation est très-rapide. L'instrument dont on se sert donne seulement une approximation de vingt secondes ; on ne répète les angles que pour les points principaux fort éloignés et destinés à relier l'ensemble, ainsi que pour les angles à la base. Enfin, l'instrument employé étant à lunette excentrique, on prend les angles à droite et à gauche.

L'opération trigonométrique est toujours possible, mais l'opération photographique exige naturellement que le temps soit propice.

Pour les levers photographiques, le choix de l'appareil n'est pas indifférent, même dans les appareils du commerce ; il faut obtenir des vues claires, faciles à lire et à comprendre, dont l'aspect seul vaille un lever, et qui permettent de retrouver et de construire un nombre indéfini de points visés des stations. Le foyer des objectifs doit être assez long pour que les images soient grandes et qu'on puisse les lire sans loupe. Par conséquent, les appareils trop petits doivent être rejetés, parce que les petites épreuves sont incommodes, qu'elles obligent à mesurer les distances au micromètre et à construire les points un à un, tandis qu'avec de grandes épreuves on en construit mécaniquement un grand nombre à la fois. Quelle que soit la perfection des petites épreuves, leur finesse a pour limite la finesse même du tissu sur lequel elles sont produites, et l'on n'y retrouve jamais les détails que donnent les grandes épreuves. Enfin, on doit le répéter encore, il faut éviter d'avoir recours aux agrandissements, parce que c'est une opération délicate et qui peut conduire à des inexactitudes, par ce seul fait que le point déterminé par l'intersection de deux lignes peut devenir, par l'agrandissement, une véritable surface produite par la rencontre de deux larges traits.

L'appareil dont on se sert au Dépôt des fortifications comporte des glaces de 0^m.27 sur 0^m.33 ; la chambre noire est placée sur un pied à vis calantes ; on opère au moyen du collodion sec au tanin, et les glaces sont enfermées dans des châssis en carton.

La chambre noire ainsi installée pèse, pied compris, quatre kilogrammes ; un homme porte facilement pendant toute une journée, même en pays de montagnes, la chambre noire et dix-huit glaces. Cet approvisionnement est très-suffisant pour une journée de travail.

Le tableau suivant résume les levers exécutés de 1863 à 1868, par le procédé qui vient d'être décrit. Il est bien entendu qu'on n'y a pas compris les travaux d'étude faits chaque année pour l'instruction des officiers que les régiments du génie envoient au dépôt des fortifications.

Tous les levers compris dans ce tableau ont été exécutés au 1/5000, et le nivellement, établi sur les points construits et cotés, a été représenté par des courbes équidistantes de 5 mètres.

DATES ET LIEUX	DURÉE du travail.	NOMBRE de stations	NOMBRE d'épreuves	NOMBRE de points construits et cotés	SUPERFICIE
					Hectares
1864 *Grenoble*.... (Toute la place, la citadelle et le mont Rachau.)	....	....	....	....	1.200
1865 *Paris*...... (Toutes les hauteurs de l'est et les forts et redoutes d'Aubervilliers à Nogent.)	36 heures	24	33	1.450	2.775
1865 *Toulon*..... (Toute la place, le Farou, le ravin de Favières.)	5 jours	14	35	1.850	3.350
1866 *Faverges*.... (Terrain s'étendant entre Ugine, le lac d'Annecy et le col de Tanneré.)	18 jours	43	125	4.680	12.000
1866 *Belfort*...... (Lever de siége, rédigé en huit heures.)	6 heures	6	10	300	
1867 *Langres*..... (La place, la citadelle et les environs.)	12 jours	33	49	1.900	5.600
1867 *Sainte-Marie aux Mines*.. (La vallée et le col.)	10 jours	31	52	1.400	4.500
1867 *Le Bonhomme*.. (La vallée et le col)	3 jours	15	23	1.650	3.600
1868 *Chatenais*.... (Un seul lever avait un développement de 52 kilomètres.					
1868 *Villé*.......					
1868 *Vallée et col de Steige*..... (Plateau de Saales.)	30 jours	79	160	7.500	40.000
1868 *Vallée et col d'Urbin*....					

La méthode du lever des places fortes par la photographie a donc fourni des travaux comprenant une superficie de 72,000 hectares, dans des terrains très-variés, présentant, spécialement dans le lever de Faverges, des différences de niveau de plus de 2,000 mètres ; ce résultat a été obtenu au moyen de cinq cents épreuves photographiques.

Plusieurs personnes ont cherché un instrument photographique marchant automatiquement et pouvant laisser sur une plaque horizontale la trace de tous les objets qui se présentent devant l'objectif dans un tour d'horizon. Deux inventeurs, que nous ne nommerons pas parce qu'ils sont en concurrence, ont imaginé chacun une planchette photographique qui pourra donner des résultats fort utiles, mais surtout lorsqu'on aura inventé un collodion sec instantanément impressionnable. On est du reste en bonne voie pour cette découverte. Ajoutons cependant que la planchette photographique est un appareil lourd et d'une construction délicate ; son emploi doit être réservé aux brigades topographiques.

L'examen qui vient d'être fait des applications de la photographie aux usages militaires sera terminé par cette observation, qu'il ne s'agit pas ici de photographie artistique. Sans repousser, bien entendu, la recherche du mieux, on atteint un résultat utile dès qu'on arrive au bien.

Enfin, puisqu'il a été démontré que la photographie ne peut plus aujourd'hui être considérée comme un moyen de production proprement dit, il faut qu'elle soit un élément de travail ; il faut surtout qu'elle serve à collectionner des documents qui pourront avoir leur emploi un jour ; il faut qu'elle serve à concentrer en un endroit connu de tous les travaux que chacun fait en particulier, afin qu'on puisse puiser à larges mains dans une mine qui s'enrichira sans cesse. Il faut donc que les officiers qui, dans leurs campagnes ou dans leurs loisirs de garnison, ont fait des levers à vue, que ceux qui ont pu se procurer des travaux rares et importants, les confient, pour un temps très-court, à la photographie de l'état-major général. Ces documents leur seront très-promptement rendus, mais le ministère de la guerre en aura la reproduction fidèle, et l'on aura rapidement ainsi un dépôt considérable de travaux qui, habilement classés, rendront à l'armée de précieux services.

Comme spécimen de reproduction faite dans ces conditions, le texte de cet entretien est suivi de la carte des environs de Gœrlitz. Le modèle est une carte collée sur toile, rapportée de captivité par M. G., lieutenant au 91ᵉ régiment d'infanterie, et que cet officier a confiée au service photographique. Elle lui a été rendue au bout de deux jours.

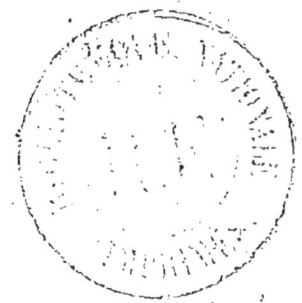

LISTE DES PUBLICATIONS
DE LA
RÉUNION DES OFFICIERS

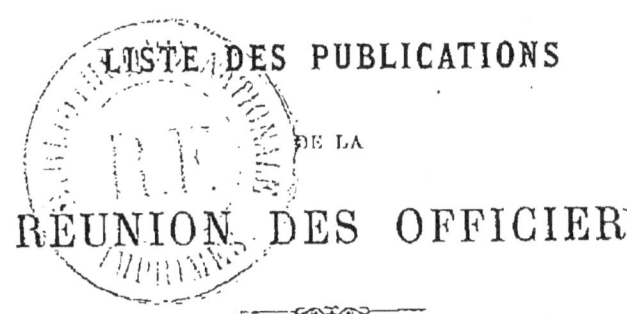

MÉLANGES MILITAIRES

N°s 1. L'ARMÉE ANGLAISE EN 1871, au point de vue de l'offensive et de la défensive. Paris, Tanera. . . . . Prix : 25 c.

2. ORGANISATION DE L'ARMÉE SUÉDOISE. Projet de réforme. Paris, Tanera . . . . 25 c.

3 et 4. MODE D'ATTAQUE DE L'INFANTERIE PRUSSIENNE dans la campagne 1870-71, par le duc Guillaume de Wurtemberg, traduit de l'allemand par M. Conchard-Vermeil. Paris, Tanera. . . . . 50 c.

5. DE LA DYNAMITE et de ses applications pendant le siége de Paris. Paris, Tanera. . . . . 25 c.

6. QUELQUES IDÉES SUR LE RECRUTEMENT, par G. B. Paris, Tanera. . . . . 25 c.

7. ETUDE SUR LES RECONNAISSANCES, par le commandant Pierron. Paris, Tanera. . . . . 25 c.

8, 9 et 10. ETUDE THÉORIQUE sur l'organisation d'un corps d'éclaireurs à cheval, par H. de La F. Paris, Tanera . 75 c.

11, 12, 13. ETUDE SUR LA DÉFENSE DE L'ALLEMAGNE OCCIDENTALE, et en particulier de l'Alsace-Lorraine. Traduit de l'allemand. Paris, Tanera. . . . . 75 c.

14. L'ARMÉE DANOISE. Organisation. Recrutement. Instruction. Effectif. Paris, Tanera. . . . . 25 c.

15, 16, 17. LES PLACES FORTES du N. E. de la France, et Essai de défense de la nouvelle frontière. Paris, Tanera . . 75 c.

18, 19. DE LA DÉTERMINATION DU CALIBRE dans les armes portatives, par J. L., cap. d'artillerie. Paris, Tanera. 50 c.

20. Des bibliothèques militaires, de l'établissement d'un catalogue et de la tenue des principaux registres. Paris, Tanera. . . . . 25 c.

21, 22, 23, 24. L'Artillerie au siége de Strasbourg en 1870. Notes recueillies par un officier de l'artillerie suisse. Traduit de l'allemand par P. Larzillière. Paris, Tanera. . 1 fr.

25, 26. L'Artillerie de campagne des grandes puissances européennes et les Canons rayés. Traduit de l'allemand par M. Meert, capitaine d'artillerie. Paris, Tanera. . 50 c.

27. Des canons et fusils a vapeur, par J. L., capitaine d'artillerie. Paris, Tanera. . . . . 25 c.

28, 29. La Cavalerie de réserve sur le champ de bataille, d'après l'italien, par Foucrière, sous-lieut. au 81e rég. de ligne. Paris, Tanera. . . . . 50 c.

30. De la répartition de l'armée sur le territoire. Paris, Tanera. . . . . 25 c.

31, 32. Le Télémètre Nolan, appareil destiné à mesurer les distances, avec planche. Paris, Tanera. . . . . 50 c.

33. La Bataille de Spicheren envisagée au point de vue stratégique. Traduit de l'allemand par Weil. Paris, Tanera. 25 c.

34. De l'équitation dans les régiments de cavalerie en Prusse, par H. de La F. Paris, Tanera . . . . 25 c.

35. L'Armée prussienne en Alsace pendant l'hiver dernier, notes recueillies par C. Sandherr, lieutenant de chasseurs à pied. Paris, Tanera. . . . . 25 c.

36, 37. De la justesse du tir des bouches a feu et des armes portatives, par M. J. Lefèvre, capitaine d'artillerie. Paris, Tanera. . . . . 50 c.

38. Des métaux employés dans la fabrication des canons anglais, par J. L., capitaine d'artillerie. Paris, Tanera. 25 c.

39, 40. Instruction théorique et pratique de l'infanterie, par E. Uffler, cap. au 93e rég. de ligne. Paris, Tanera. 50 c.

41, 42. L'Exploitation des chemins de fer français par les armées allemandes, d'après les documents officiels allemands, par M. Martner, capitaine d'état-major, avec carte. Paris, Tanera. . . . . 50 c.

43, 44. Idées sur l'attaque des places fortes. Conférence faite à Berlin par le général-major prince de Hohenlohe-Ingelfingen, d'après l'allemand, par A. Klipffel, capitaine du génie. Paris, Tanera. . . . . 50 c.

45, 46. De l'instruction pratique de la compagnie d'infanterie. Paris, Tanera . . . . 50 c.

47, 48, 49, 50. Considérations sur la guerre des places fortes, 1870-1871. Traduit de l'allemand par Couturier, lieutenant au 55ᵉ régiment. Paris, Tanera . . . . . . 1 fr.

51, 52. Étude sur les peines disciplinaires en campagne, par G. D., officier d'état-major. Paris, Tanera. . . . 50 c.

53, 54. Historique des remontes depuis les Romains, suivi d'un projet d'organisation d'une landwehr hippique, par L. L., sous-intendant militaire. Paris, Tanera. . . . 50 c.

55. Le Télémètre de campagne du colonel russe Stubendorf, avec planche. Paris, Tanera . . . . 25 c.

56, 57, 58. Études sur le service des étapes, d'après les renseignements personnels recueillis pendant la guerre de 1870-71 par un officier de l'inspection générale bavaroise des étapes. Traduit de l'allemand par Couturier, lieutenant au 55ᵉ régiment. Paris, Tanera. . . . . 75 c.

ENCYCLOPÉDIE MILITAIRE

1. Les Canons géants du moyen age et des temps modernes, par R. Wille, lieutenant de l'artillerie prussienne. Traduit de l'allemand par MM. R. Colard et S. Bouché, lieutenants d'artillerie. 1 volume in-8º. Paris, Tanera. . 3 fr.

2. Les Mitrailleuses et leur emploi pendant la guerre de 1870-1871, par Hermann, comte Thürheim, capitaine bavarois. Traduit de l'allemand par E. J. Brochure in-8º. Paris, Tanera. . . . . 1 fr. 25

Sous presse :

Étude sur le réseau de chemins de fer français considéré comme moyen stratégique, par L. de Tromenec, capitaine d'artillerie. 1 vol. in-8º avec carte. Paris, Tanera.

Mémoire sur la permanence de l'armement de défense et sur

l'emploi des cuirasses métalliques dans les fortifications d'Anvers, Plymouth et Portsmouth, par le baron Berge, lieutenant-colonel d'artillerie. 1 vol. in-8° avec planches. Paris, Tanera.

Guide pour la préparation des plans de marche et des transports de troupes par les chemins de fer, par A. Le Pippre, chef d'escadron d'état-major. 1 vol. in-8° avec planches et carte. Paris, Tanera.

ENTRETIENS MILITAIRES

L'Armée prussienne, par M. Lahaussois, sous-intendant militaire. Paris, Dumaine. . . . . 60 c.

Hygiène militaire, par le docteur Jules Arnould, médecin-major de 1re classe, Paris, Dumaine. . . . . 60 c.

Des tirailleurs, de leur instruction, de leur emploi, par M. Herbinger, cap. adjudant-major au 1er prov. Paris, Dumaine . . . . 60 c.

Principes rationnels de la marche des impedimenta dans les grandes armées, par M. Anatole Baratier, sous-intendant militaire. Paris, Dumaine. . . . . 1 fr.

De l'administration militaire, par M. Lewal, colonel d'état-major. Paris, Dumaine. . . . . 1 fr.

De l'administration militaire et du fonctionnement des services administratifs.— Réponse à M. le colonel Lewal, par M. Anatole Baratier, sous-intendant militaire. Paris, Dumaine. 1 fr.

De l'aérostation militaire, par M. Delambre, capitaine du génie. . . . . 75 c.

De la photographie et de ses applications aux besoins de l'armée, par M. Dumas, capitaine d'état-major, chef du service photographique au ministère de la guerre. . 75 c.

Instruction de l'infanterie, préparation au service de guerre, par M. Percin, capitaine du génie. . . . . . 75 c.

De l'emploi militaire des chemins de fer, par M. Delambre, capitaine du génie . . . . 75 c.

De l'enseignement de la géographie, par M. Bourboulon, chef de bataillon. . . . . 75 c.

RÈGLEMENTS ÉTRANGERS

Règlement du 3 Août 1870 sur les exercices de l'infanterie de l'armée royale de Prusse. Traduit de l'allemand par J. Monlezun, lieutenant au 120e régiment d'infanterie. 1 volume in-12 avec figures et planches de musique donnant toutes les sonneries et batteries. Paris, Tanera. 4 fr.

Instruction du 9 juin 1866, concernant le service de garnison de l'armée prussienne. Traduit de l'allemand par MM. Samion et Laplanche. Brochure in-12. Paris, Berger-Levrault. 1 fr. 25

Sous presse :

Manuel du sapeur d'infanterie. Instruction pratique spéciale, traduit de l'italien. 1 volume in-12 avec cent planches. Paris, Tanera.

Instruction de 1870 sur le service en campagne de la cavalerie de l'armée suédoise. Traduit du suédois par MM. Siwers et Martin. 1 vol. in-12, avec figures dans le texte. Paris, Tanera.

Règlement de 1870 sur les exercices de la cavalerie autrichienne. Traduit de l'allemand par V. Zeude, chef d'escadron de cavalerie. 1 vol. in-12. Paris, Tanera.

OUVRAGES DIVERS

Organisation de l'armée de l'Allemagne du Nord. Recrutement et libération. Traduit de la 12e édition de l'ouvrage sur l'organisation de l'armée allemande, du général de Witzleben par le commandant Le Maitre. Paris, Berger-Levrault. 2 fr.

Cours réduit du tir, par Borreil, capitaine au 124e de ligne. 2e édition. 1 volume in-12. Paris, Dumaine . . . . . 60 c.

Manuel d'hygiène et de premiers secours, traduit de l'allemand par le docteur Bürgkly. Br. in-12. Paris, Dumaine. . 60 c.

Manuel du soldat. I. Service intérieur. II. Instruction sur le démontage, le remontage et l'entretien de l'arme. III. Notions sur le tir du fusil d'infanterie. IV. Transport des troupes d'infanterie au chemin de fer. V. Notions d'hygiène. VI. Service des places. VII. Service en campagne. 1 volume in-18 cartonné. Paris, Tanera . . . 50 c.

ETUDES SUR L'ART DE CONDUIRE LES TROUPES (2e partie), par Verdy du Vernois. Traduit de l'allemand par Masson, capitaine d'état-major. 1 vol in-12. Paris, Dumaine, et Bruxelles, Muquardt, 1872 . . . . 2 fr.

LES TRAINS SANITAIRES. Etude sur l'emploi des chemins de fer pour l'évacuation des blessés et malades en arrière des armées, par le Dr Morache. Brochure in-8°. Paris, Dumaine, 1872 . . . . 1 fr. 50 c.

CONSTRUCTION ET DESTRUCTION DES CHEMINS DE FER EN CAMPAGNE, par Wibrotte. Brochure in-8°. Paris, Dumaine, 1872.

Paris. — Imp. H. Carion, 64, rue Bonaparte.

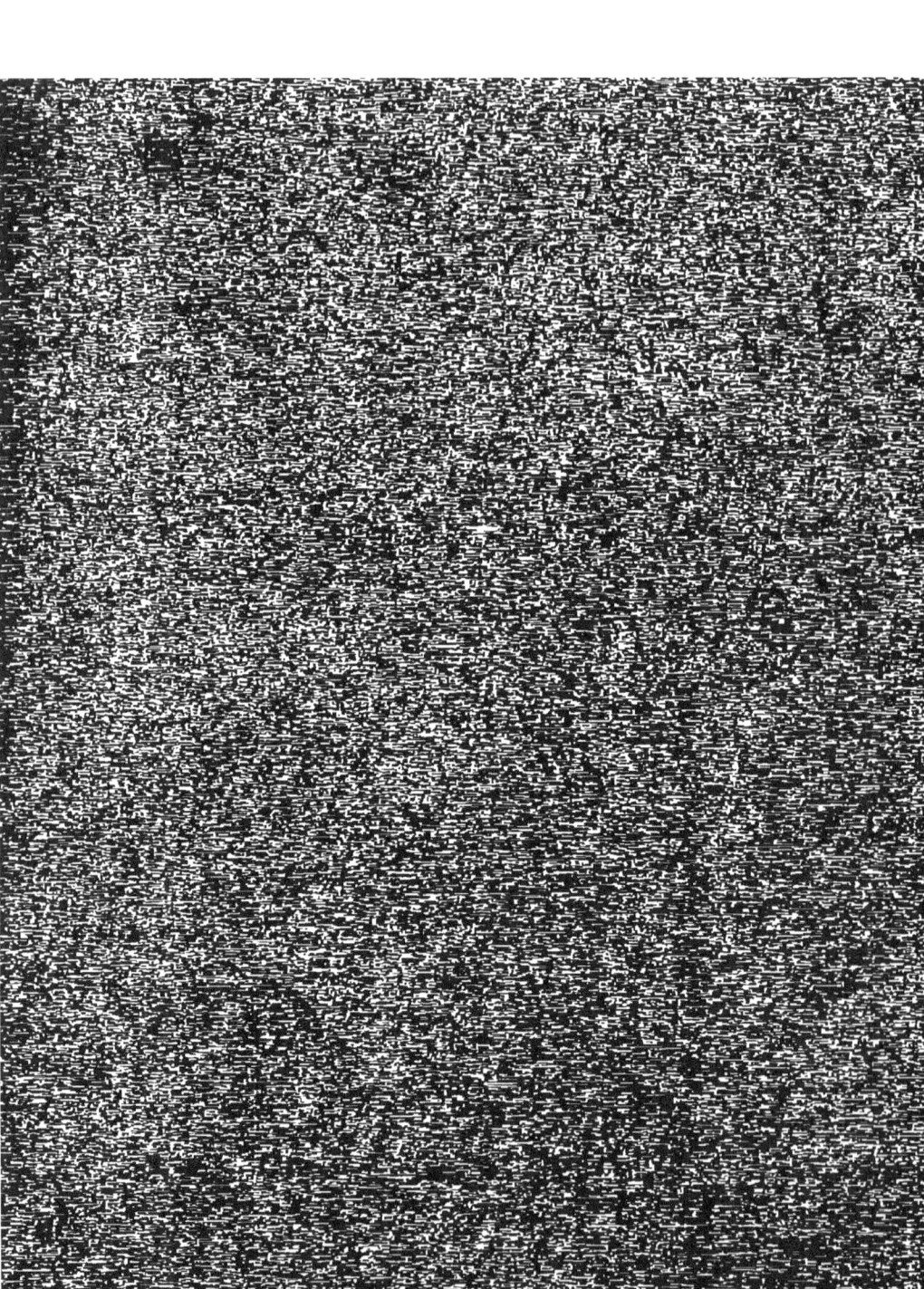

www.ingramcontent.com/pod-product-compliance
Lightning Source LLC
Chambersburg PA
CBHW030102230526
45471CB00003B/1221